BILBO
JEUNESSE

COLLECTION DIRIGÉE PAR **ANNE-MARIE AUBIN**

Histoire de la Princesse et du Dragon

DONNÉES DE CATALOGAGE AVANT PUBLICATION (CANADA)

Vonarburg, Elisabeth, 1947—

Histoire de la princesse et du dragon

(Collection Littérature jeunesse).
Pour enfants de 8 ans et plus

ISBN : 2-89037-502-1

I. Titre. II. Collection: Collection Littérature jeunesse (Québec/Amérique).

PS8593.052H57 1990
jC843'.54 C90-096392-1
PS9593.052H57 1990
PZ23.V66Hi 1990

DÉPÔT LÉGAL: 3e TRIMESTRE 1990
BIBLIOTHÈQUE NATIONALE DU QUÉBEC
BIBLIOTHÈQUE NATIONALE DU CANADA
RÉIMPRESSION : MARS 1993

Histoire de la Princesse et du Dragon

ÉLISABETH VONARBURG

ROMAN

29

ÉDITIONS QUÉBEC/AMÉRIQUE

425, rue Saint-Jean-Baptiste,
Montréal, Québec H2Y 2Z7
(514) 393-1450

DE LA MÊME AUTEURE

FICTION

L'Œil de la nuit (nouvelles)
Longueuil, Éditions du Préambule,
Coll. Chroniques du futur, #1, 1980
Prix de la Centrale des Bibliothèques de Prêt du Saguenay-Lac-Saint-Jean, 1980

Le Silence de la Cité (roman)
Paris, Denoël,
Coll. Présence du futur, 1981
Grand Prix de la SF française, catégorie roman, 1982
Prix Rosny Aîné (France), 1982
Prix Boréal (Québec), 1982

Janus (nouvelles)
Paris, Denoël,
Coll. Présence du futur, 1984
Troph'art en littérature, 1985 (Saguenay-Lac-Saint-Jean)

Ailleurs et au Japon (nouvelles)
Montréal, Éditions Québec/Amérique, 1990

Chroniques du Pays des Mères, (roman)
Montréal, Éditions Québec/Amérique, 1992

NON-FICTION

Comment écrire des histoires, Guide de l'explorateur
Beloeil, Éditions La Lignée, 1986

Il était une fois, au bord de la mer, une Magicienne qui était une montagne.

Ce n'était pas une vraie montagne, mais un ancien volcan. Il y avait des flammes et de la lave sous le volcan, mais elles dormaient à petit feu. Un jour, pourtant, elles s'étaient réveillées, une seule fois, et tout le sommet de la montagne avait sauté, comme un couvercle. L'explosion avait été si forte que le sommet avait été pulvérisé, et qu'il était retombé sur les flancs de la montagne en pluie de lave et de cendres brûlantes. Et pendant très longtemps il n'y avait pas eu un arbre ni une herbe sur les pentes noires de la montagne; pas un oiseau ne passait par là, et tous les animaux avaient disparu.

Mais après beaucoup de jours de vent, de pluie, et de soleil, des petites tiges vertes avaient fini par percer la carapace de la montagne pour devenir une épaisse forêt de grands arbres sous lesquels il y avait toujours de l'ombre fraîche pour l'herbe, les animaux revenus, les papillons et les oiseaux.

Et la pluie avait rempli le grand trou que l'explosion avait laissé au sommet, ou de l'eau y était montée des profondeurs de la terre, mais c'était maintenant un lac rond et bleu comme le ciel.

La Magicienne n'avait pas toujours été une montagne. Très longtemps auparavant, elle avait vécu dans un château avec sa sœur, qui avait des cheveux très blonds, et sa mère, qui était une Magicienne. Elle avait un père aussi, qui était un Roi, mais qui avait trop fait la guerre: il était fatigué et s'occupait peu de ses filles; il aimait jardiner ou se promener dans la campagne avec son chien.

La Magicienne, qui n'était pas encore une Magicienne à ce moment-là mais seulement une petite fille aux cheveux très noirs, s'appelait Malanye. Sa sœur s'appelait Albanye. Sa mère la Reine s'appelait Niméya. Et tout le monde appelait son père Votre Majesté, mais en réalité, il s'appelait Rodolphe.

Malanye et Albanye étaient très différentes, et pas seulement parce que leurs cheveux n'étaient pas de la même couleur. Et la Reine-Magicienne, leur mère, était fort ennuyée. La cadette, Albanye, était douce et gentille;

Niméya aurait bien voulu qu'elle devînt Magicienne à sa suite — et Albanye ne voulait pas en entendre parler: tout ce qu'elle voulait, c'était vivre comme les gens ordinaires, se marier et avoir des enfants. Mais la Reine-Magicienne devait toujours poursuivre son aînée, Malanye, dans les couloirs pour lui reprendre la baguette, ou le Grand Livre des enchantements, ou les fioles d'élixirs magiques, parce que c'était Malanye qui voulait devenir Magicienne. Or la Reine savait bien que sa première fille serait une mauvaise Magicienne: Malanye était violente et coléreuse, elle ne partageait jamais rien, elle ne rendait jamais rien... Et la Reine comprenait bien qu'en réalité Albanye non plus ne ferait pas une bonne Magicienne: elle était bien trop ordinaire — et puis, elle avait peur des chauves-souris et des araignées, toutes créatures haut placées dans le monde magique. Elle avait aussi peur des salamandres, des serpents et même des chats — et les chats sont de grands magiciens parmi les animaux. Se sauver en poussant des grands cris chaque fois qu'on les voit, ce n'est pas une façon de traiter des collègues.

Et plus le temps passait et plus la Reine-Magicienne devenait vieille, et plus elle devenait vieille plus elle devenait impatiente avec ses deux filles, celle qui ne voulait rien savoir de la magie et celle qui voulait trop savoir. Et plus elle s'impatientait plus elle devenait imprudente. Et un jour qu'Albanye s'était sauvée une fois de trop devant le chat noir en résidence au château et que Malanye avait volé une fois de trop le Grand Livre des enchantements, la vieille Reine-Magicienne entra dans une épouvantable colère. Et elle prononça contre ses filles une terrible malédiction.

Mais les Magiciennes ne sont pas

censées ensorceler leurs proches. C'est pour cette raison que la Reine-Magicienne devait poursuivre Malanye dans les couloirs, et essayer de persuader Albanye par la raison, au lieu de dire «Abracadabra» et de leur imposer tout simplement sa volonté. Pourquoi les Magiciennes ne peuvent pas vraiment faire tout ce qui leur plaît, c'était justement ce que Malanye ne comprenait pas...

Dans sa colère, la vieille Reine-Magicienne oublia donc cet interdit et jeta un sort à chacune de ses filles. Puisque Albanye ne voulait rien savoir de la magie, elle n'en saurait jamais rien et n'en profiterait plus jamais. En tant que fille de Magicienne, elle était elle-même une créature magique qui aurait dû vivre très longtemps. Elle ne le serait plus! Puisqu'elle aimait tant les gens ordinaires, elle irait vivre et mourir parmi eux. Et puisque Malanye désirait tellement la magie, elle deviendrait totalement magique et immortelle, comme le ciel, l'eau, la terre, et le feu!

Et c'est ainsi que Malanye était devenue un volcan qui était devenu une montagne, avec au sommet un lac qui reflétait le ciel. Et toute la magie qu'elle avait apprise en cachette ne pouvait pas lui servir à grand-chose. Elle avait la puissance de la terre et du feu, de l'eau et du vent — mais la terre bouge très lentement, la pluie doit toujours tomber sur la terre, et les rivières couler vers la mer, et la mer aller et venir, deux fois par jour, et le soleil se lève et se couche, comme la lune, et la terre tourne dans le ciel autour du soleil, qui tourne dans l'univers...

Et nul ne sait où tout cela a commencé, mais c'est ainsi.

Albanye s'en alla vivre parmi les gens ordinaires, comme les gens ordinaires: elle se maria et elle eut des enfants, qui se marièrent et eurent des enfants, et ainsi de suite longtemps après Albanye et les enfants de ses enfants.

Et la vieille Reine-Magicienne?

Elle disparut.

Tout cela se passait avant le début de cette histoire. Car les histoires non plus, on ne sait pas vraiment où elles ont commencé, ni même si elles commencent vraiment quelque part. Il y a toujours une histoire avant, et une autre avant, et encore une autre. Le Roi Rodolphe, par exemple, et sa rencontre avec la Magicienne Niméya... Mais ce n'est pas de cette histoire-là qu'il s'agit aujourd'hui. Aujourd'hui, c'est l'histoire de la Princesse et du Dragon.

La Princesse s'appelait Alyne. Le Dragon? Le Dragon s'appelait Dragon. Les Dragons sont des êtres extrêmement magiques, sauf si l'on connaît leur nom. C'est pourquoi ils le gardent très jalousement secret. D'ailleurs, ils s'appellent eux-mêmes, on ne les appelle pas. Personne n'avait jamais appelé ce Dragon au château où vivait Alyne: il était venu le jour où Alyne était née, et il était resté depuis.

Mais personne n'avait été surpris de le voir arriver: c'était une Tradition.

Il y avait deux Traditions, dans cette famille, et on les respectait beaucoup, même si on ne savait pas très bien ce qu'elles signifiaient. La première, c'était le Médaillon. On se le passait de génération en génération, de mère à fille aînée. C'était un médaillon tout à fait ordinaire, rond, assez large, avec un filigrane d'argent sur le pourtour. Ce qui n'était pas ordinaire, c'était ce qu'il y avait dans le Médaillon: il n'y avait rien. Presque rien: un morceau de miroir. Mais ce morceau de miroir ne reflétait rien. On ne pouvait même pas s'y regarder! Pourtant, il était très important pour la fille aînée — celle qui deviendrait la Reine — de porter ce médaillon depuis sa naissance. Car une fois, une seule fois, lorsque la Princesse avait quinze ans, une image apparaissait dans le Médaillon. On n'en savait pas davantage: à chaque génération, la Reine passait le Médaillon au cou de sa première-née, mais, même lorsque la petite Princesse était en âge de comprendre, la Reine ne lui expliquait rien. Elle lui disait simplement de garder le Médaillon, et d'attendre que l'image y apparût.

Et la deuxième Tradition, c'était le Dragon.

Depuis que cette dynastie existait, il y avait eu un Dragon au château — le même Dragon ou un autre, c'était difficile à dire, le Dragon n'était pas très disert sur ce sujet. Cela se passait ainsi: à chaque nouvelle génération, le jour de la naissance de la première fille, le Dragon arrivait et s'installait au sommet de la tour du château. Il y restait jusqu'au quinzième anniversaire de la petite Princesse. Peu de temps après, il s'en allait. Et il revenait à la naissance de la première fille de la Princesse devenue Reine. Et ainsi de suite.

L'image — quelle qu'elle fût — *apparaissait* dans le Médaillon lorsque la Princesse avait quinze ans; et le Dragon *s'en allait* lorsque la Princesse avait quinze ans. Il devait y avoir une relation, mais laquelle? Après le départ du Dragon, en tout cas, la Princesse se mariait comme l'avaient fait toutes les Princesses de sa famille avant elle, et on attendait la nouvelle génération pour voir réapparaître le Dragon.

On chuchotait bien qu'il était arrivé, parfois, que le Dragon s'en allât avec une Princesse. Et que jamais il ne les avait ramenées. Mais ce n'étaient sûrement que des contes de vieille nourrice pour faire peur aux petites Princesses qui n'étaient pas sages. Pour ce qu'on en savait, le Dragon pouvait bien être végétarien, ou se nourrir des rayons du soleil! Et puis, s'il avait vraiment enlevé des Princesses pour les manger, on ne l'aurait sûrement pas laissé revenir au sommet de la tour?

La seule personne qui savait quelque chose, c'était la Reine, et elle ne disait rien. Et le Dragon, mais le Dragon n'était pas vraiment une personne. Et il ne disait rien non plus de toute façon.

Ceci est donc l'histoire de la Princesse, du Dragon... et du Médaillon.

Le jour de ses quinze ans, Alyne se trouvait au sommet de la tour du château. Il n'y avait qu'une tour, et c'était là que s'était installé le Dragon, quinze années auparavant. Au sommet large et plat se trouvait une très grande vasque alimentée par une fontaine, pour que le Dragon pût boire. Pour ce qui était de la nourriture, il s'en occupait lui-même. On ne savait pas trop ce qu'il mangeait, et à vrai dire, on ne voulait pas trop le savoir. Les Dragons doivent être des carnivores, avec toutes ces grandes dents et ces grandes griffes... mais on ne trouvait jamais d'os ni de laine ni de poils au sommet de la tour.

Le Dragon devait aller poliment chasser et manger dans les terres voisines.

Il vivait donc au sommet de la tour. Lorsqu'il ne chassait pas, il dormait — pour digérer, sans doute — et lorsqu'il ne dormait pas, on aurait dit qu'il dormait: il était simplement là couché en rond autour de la vasque, la tête sur la queue, les ailes repliées sur son dos et les pattes cachées sous son ventre comme un très gros chat — un chat qui aurait eu des ailes de chauve-souris, des écailles orange et violettes, un long museau pointu, des sourcils en aigrettes et une crête irisée le long de l'échine... Le seul moment où l'on était sûr qu'il ne dormait pas, c'était lorsqu'il prenait son vol pour planer dans le vent au-dessus du château, et alors on savait que c'était LE Dragon.

La Princesse Alyne venait souvent rendre visite au Dragon au sommet de la tour; la Princesse Alyne aimait regarder le Dragon voler; la Princesse

Alyne serait bien montée sur le dos du Dragon pour voler avec lui, si elle avait été sûre que personne ne la verrait. La Princesse Alyne, à dire vrai, n'était pas tout à fait une Princesse ordinaire.

Et d'abord, elle avait les cheveux noirs. Sur tous les portraits de toutes les Princesses devenues Reines dans sa famille, tout le monde avait les cheveux blonds. Ensuite, elle n'avait jamais aimé jouer à la poupée, ni à la marchande, ni à la couturière. Elle aimait courir, et elle aimait crier, et lorsqu'elle était devenue plus grande, elle avait fait le désespoir de son Maître d'Étiquette, de son Maître de Danse, de son Maître de Chant, de son Maître de Clavecin, de son Maître de Luth, de son Maître de Flûte... On avait essayé tous les instruments de musique, même le triangle, mais tous les Maîtres étaient partis les uns après les autres pour se reposer à la campagne, et on ne les avait plus jamais revus au château.

Ce n'est pas qu'Alyne n'aimait pas la Musique, ou la Danse, ou le Chant, ou même l'Étiquette — c'est amusant, l'Étiquette, après tout, un peu comme le jeu d'échecs. Mais elle n'aimait pas les Maîtres. Elle n'aimait pas les Maîtresses non plus, d'ailleurs.

Seuls trouvaient grâce à ses yeux le Maître d'Escrime, qui n'était pas vraiment un Maître mais un vieux soldat du Roi auquel on avait donné un logement au château en récompense de ses années de bons et loyaux services, et le Maître Fauconnier, qui parlait presque seulement en sifflant, comme les faucons qu'il dressait, et le Maître Palefrenier, qui mangeait, dormait et rêvait avec ses chevaux, dans les écuries.

Ainsi, le jour de ses quinze ans, alors qu'Alyne aurait dû avoir parfaitement maîtrisé tout ce qui aurait fait d'elle une Princesse normale, prête à devenir Reine, à se marier et à avoir des enfants, elle se trouvait au sommet de la tour avec le Dragon, songeant qu'elle aurait bien aimé voler sur son dos, si elle avait été sûre que personne ne la verrait.

Et elle regardait le Médaillon avec inquiétude, en se demandant quand l'image y apparaîtrait. Les autres Princesses attendaient avec impatience: après l'apparition de l'image et la disparition du Dragon, elles pourraient se marier, avoir des enfants et s'occuper tranquillement de mener leur vie de Reines. Ce que précisément la Princesse Alyne envisageait sans beaucoup d'impatience.

Que faisait-elle avec le Dragon au sommet de la tour? D'habitude, elle le regardait dormir lorsqu'il dormait, et voler lorsqu'il volait, et lorsqu'il ne dormait ni ne volait, elle parlait avec lui. Car le Dragon parlait. Il parlait même très bien. Alyne s'était toujours demandé pourquoi le Dragon avait la réputation d'être taciturne: du plus loin qu'elle se souvînt, il lui avait toujours parlé — et il avait toujours compris ce qu'elle lui disait. Il avait une belle voix grave, et une autre voix aussi, qu'on percevait sans l'entendre; à ces moments-là, Alyne s'imaginait toujours que sa tête était devenue une très grande salle pleine d'ombre, avec des petits nuages de fumée bleue qui montaient dans des rais de lumière colorés, comme la chapelle du château, en beaucoup plus grand. Mais si les gens du château croyaient le Dragon taciturne, c'était peut-être que personne d'autre qu'Alyne ne s'intéressait aux histoires qu'il avait à raconter: on ne pensait qu'au Chant, à la Danse, à l'Étiquette, au mariage et aux enfants! Même la Reine ne parlait pas au Dragon — et pourtant, il avait été «son» Dragon avant d'être celui d'Alyne.

Et bientôt, songeait tristement Alyne, ce serait son tour: elle allait voir l'image du Médaillon, et le Dragon partirait, et lorsqu'il reviendrait elle serait la Reine, elle serait mariée, elle aurait une fille, et elle n'aurait plus le temps de lui parler! Ou peut-être pire, elle n'aurait plus *envie* de lui parler, ou elle ne serait plus *capable* de l'entendre! C'était peut-être cela que faisait le Médaillon à toutes les Princesses! Mais elle ne pouvait être sûre de rien, car il y avait deux sortes de questions auxquelles le Dragon ne répondait jamais: celles qui le concernaient personnellement, et celles sur le Médaillon...

Ce matin-là, au sommet de la tour, Alyne s'était installée à sa place favorite, sous l'aile gauche du Dragon. Il y a là une sorte de creux où les écailles sont plus fines et plus douces, un bien petit creux pour un Dragon, mais pour une Princesse de quinze ans un creux bien assez grand pour se pelotonner; l'aile à demi repliée forme une sorte de toit translucide. Les Dragons sont énormes mais très légers et la membrane de leurs ailes est mince, si elle est très résistante. Elle est parcourue d'un réseau de veines fines comme des toiles d'araignées, où court le sang du Dragon: on voit tout en rose au travers, le ciel, les nuages, l'eau de la vasque... Et Alyne avait bien besoin de voir le monde en rose, le jour de ses quinze ans. L'après-midi même, on recevrait au château les ambassadeurs des pays voisins, qui viendraient vanter chacun à leur tour les mérites de leurs princes les plus présentables. Et ensuite... Finies les galopades dans les collines, finies les leçons d'Escrime et de Fauconnerie, finies les longues après-midi dans la Bibliothèque... et finis le Dragon et ses histoires.

La veille, pendant la nuit, alors qu'Alyne essayait en vain de s'endormir, elle avait pensé à perdre le Médaillon. Elle se trouvait alors dans sa chambre, à l'autre bout du château, mais la voix du Dragon avait résonné dans sa tête — très fort, comme toujours quand Alyne s'apprêtait à faire une véritable bêtise. *Non.* Elle s'était dit, alors, qu'elle pourrait toujours prétendre n'avoir rien vu du tout...

Non.

Et aujourd'hui c'était le jour de ses quinze ans, et elle était là avec ce maudit Médaillon où aucune image n'était encore apparue, et il était presque midi. Elle commençait à avoir faim, et peut-être qu'il suffisait tout simplement de ne pas *regarder* dans le Médaillon, et...

Regarde,

dit le Dragon dans la tête d'Alyne.

Et il y avait une image dans le Médaillon, bien sûr. Ou plutôt, au lieu d'être un morceau de miroir brillant comme il l'avait été pendant quinze ans, le Médaillon était maintenant complètement noir. Mais il y avait comme un mouvement dans ce noir. Et tout d'un coup y apparut un petit cercle d'un blanc laiteux, très lumineux. Puis quelque chose se mit à passer sur le petit disque lumineux, comme un nuage... et c'était un nuage, et le disque lumineux était la lune, la lune dans le Médaillon, la lune dans la nuit, alors qu'il était presque midi au-dessus de la tour du château!

Le nuage continuait à passer sur la lune, puis il y eut de nouveau cette impression de mouvement dans le noir, et la lune disparut vers le haut du Médaillon. Maintenant, c'était la mer sous la lune, une mer paisible, à peine ondulée de vagues lumineuses. Une côte apparut, très escarpée, de grandes coulées de roches à pic. Et tout à coup, dans la nuit, une cascade, une très haute cascade rouge qui se déversait en silence dans la mer.

Quand la lune sera noire
à nouveau,

dit le Dragon,

il sera trop tard.
Il faut trouver la cascade
avant la nouvelle lune.

Le mouvement avait continué dans le Médaillon, et maintenant la cascade paraissait beaucoup plus petite. Elle jaillissait à mi-flanc d'une paroi lisse et abrupte qui semblait constituer l'un des versants d'une montagne au sommet aplati.

«Pourquoi sera-t-il trop tard?» demanda Alyne. «Trop tard pour quoi?»

Parce que,

dit le Dragon.

Sa voix sonnait triste, et Alyne n'osa pas lui faire remarquer qu'il n'avait pas répondu du tout.

«Avant la nouvelle lune?» dit-elle plutôt. «C'est dans quinze jours! Et comment irions-nous?»

Nous pouvons voler,
dit le Dragon.

«Voler? Nous?» dit Alyne. «Et les ambassadeurs, cette après-midi?! J'ai quinze ans aujourd'hui!»

Oui,
dit le Dragon, toujours mélancolique.

Et l'image est dans le Médaillon. À toi de choisir.

«Tu veux dire que je peux *choisir* de m'en aller avec toi?!»

Bien sûr,
dit le Dragon — et cette fois, sa voix souriait un peu.

Alyne regarda le Médaillon de nouveau. Le mouvement avait cessé, et maintenant on pouvait voir la mer. Une tache rouge s'y étendait, formant comme les doigts d'une main tendue dont la cascade aurait constitué la paume, au flanc de la montagne. Et au-dessus du sommet de la montagne, dans le ciel, on pouvait voir la lune, ronde et jaune comme un écu.

Alyne regarda, par-dessus le parapet de la tour, le chemin qui se balançait entre les collines et par où arriveraient bientôt les ambassadeurs et leurs équipages.

«Quand pouvons-nous partir?» demanda-t-elle.

MAIS TOUT DE SUITE, SI TU VEUX,

dit le Dragon de sa belle grosse voix grondante, qui souriait.

Alyne ne partit pas tout de suite. Il lui fallait changer d'habits: elle ne pouvait pas monter sur le Dragon avec sa robe de Princesse tout en soie et en dentelles. Et le voyage allait durer assez longtemps tout de même: il fallait qu'elle emporte au moins un habit de rechange; et de quoi faire à manger; et de quoi *manger*, au fait, au cas où ils traverseraient des régions inhospitalières, au cas où le Dragon ne trouverait pas de quoi chasser, au cas où le Dragon reviendrait bredouille... enfin, pour tous les cas où.

Alyne était une Princesse *très* prévoyante.

Et elle ne se fit surprendre ni par ses suivantes, ni par sa gouvernante. C'était une Princesse très astucieuse.

C'était aussi une Princesse qui n'avait pas des yeux dans le dos: elle ne vit pas sa mère la Reine qui la regardait sortir de sa chambre sur la pointe des pieds, son sac dans les bras. Mais sa mère la Reine ne lui avait jamais dit grand-chose, et surtout pas à propos du Médaillon et du Dragon. Elle n'allait pas commencer maintenant, n'est-ce pas? Et Alyne crut que sa mère la Reine ne l'avait pas vue partir.

Vêtue du pantalon de cuir et de la veste de cuir qu'elle n'avait le droit de mettre que lorsqu'elle montait à cheval, et avec son grand chapeau de cuir attaché sous le menton pour qu'il ne s'envole pas, Alyne monta sur le dos du Dragon. Le Dragon déplia ses ailes l'une après l'autre, avec de grands claquements, comme lorsque le vent prend dans la voile, et il s'envola de la tour, emporté par le vent, aussi léger et silencieux qu'une graine de pissenlit.

Ce n'est pas difficile de se tenir sur le dos du Dragon. À la jonction des ailes, il y a une interruption dans la crête qui longe l'échine, juste de quoi s'asseoir dans le creux entre les os des articulations. À cet endroit, la peau du Dragon n'est pas recouverte d'écailles. Elle est très souple, et l'on n'a qu'à en prendre une poignée bien fermement dans chaque main, au cas où le Dragon ferait des acrobaties.

Alyne espérait cependant que le Dragon savait se tenir comme il faut; c'était un Dragon adulte, après tout. Peut-être même un très vieux Dragon si c'était le même qui revenait depuis des générations...

Non, ce n'est pas vraiment comme la petite place molle dans le crâne des bébés, cette place sans écailles sur le dos du Dragon. Mais je vais vous le dire, si vous jurez de ne le répéter à personne: c'est le seul endroit vraiment vulnérable du Dragon. Ses yeux, il peut les fermer hermétiquement grâce à une membrane transparente mais très dure. Et son ventre est couvert de ses écailles les plus épaisses et les plus résistantes. Mais ce petit creux sur son dos... Il faut être au-dessus d'un Dragon pour pouvoir l'attaquer, voyez-vous. C'est-à-dire être un autre Dragon, ou avoir grimpé dans un arbre très, très haut pour être à l'abri des mâchoires du Dragon pendant qu'on envoie des lances et des flèches dans ce petit creux. Et il faut bien viser.

Le Dragon et Alyne s'élevèrent donc au-dessus de la tour, et au-dessus du

chemin qui serpentait dans les collines (on pouvait voir au loin la poussière des équipages qui s'avançaient vers le château...), et au-dessus des collines. Ils se dirigèrent vers le nord, vers la mer qu'Alyne n'avait jamais vue ailleurs que dans le Médaillon.

Le chemin était long jusqu'à la mer, même pour un Dragon qui avait de grandes ailes, mais enfin ils arrivèrent à la côte, et à la montagne au flanc de laquelle coulait la cascade rouge.

La lune n'était plus qu'un fil argenté dans le ciel plein d'étoiles, et la cascade était presque invisible le long de la montagne: c'était seulement un mouvement dans la nuit. Mais aussi, lorsque le Dragon se fut suffisamment approché, un bruit dans la nuit, comme quelqu'un qui pleurait tout doucement sans jamais s'arrêter.

Alyne demanda au Dragon s'il allait se poser au sommet de la montagne. Il ne lui répondit pas, mais elle y était habituée, maintenant: cela faisait plus d'une semaine qu'il ne lui parlait presque plus.

Le Dragon avait changé. Cela avait commencé... Alyne ne se rappelait pas exactement où et quand, mais à un moment donné elle avait pris conscience qu'il mettait plus de temps à s'envoler: il lui fallait battre plusieurs fois des ailes, et même, quelquefois, lorsqu'ils étaient en terrain plat, il devait courir pour prendre de l'élan, de plus en plus lourdement à mesure que les jours passaient. Et depuis longtemps — Alyne ne savait pas quand elle en avait pris conscience — elle n'avait pas entendu la voix du Dragon dans sa tête, cette espèce de chatouillis qui résonnait en échos. Elle n'avait pas entendu son autre voix très souvent non plus, d'ailleurs — cette belle grosse voix grondante qui faisait vibrer tout le corps du Dragon comme un tambour. Les rares mots que cette voix-là prononçait encore étaient d'ailleurs de plus en plus difficiles à comprendre, comme si le Dragon savait de moins en moins comment articuler le langage des humains...

Si Alyne avait mieux connu les Dragons, comme vous et moi, elle aurait tout de suite compris que la magie du Dragon était en train de s'évaporer. Mais elle pensait seulement que le voyage avait dû le fatiguer — il était peut-être bel et bien très vieux, après tout, ce Dragon. Une chance qu'ils soient enfin arrivés à la cascade: il allait pouvoir se reposer.

C'était sans doute ce qu'il pensait, lui aussi, car il se dirigea vers le sommet aplani de la montagne. Et après avoir survolé le lac, dangereusement bas, le bout de ses ailes ridant la surface de l'eau, il se posa dans une sorte de longue clairière qui découvrait la rive ouest. Il y avait juste assez de place, et le museau du Dragon s'arrêta au ras de l'épaisse forêt qui partout ailleurs recouvrait le sommet de la montagne.

Alyne sauta à terre. Le Dragon rassembla ses pattes sous lui avec un grognement malgracieux, se fourra la tête sous une aile et s'immobilisa. Il n'y avait rien à en attendre. De toute façon, c'était la nuit, il n'y avait sûrement rien à faire. Alyne sortit donc sa couverture de son sac, et elle se coucha.

Le lendemain matin, le lac était tout bleu sous le ciel bleu, et lorsque Alyne eut terminé sa toilette, elle retourna voir si le Dragon avait bougé. Il n'avait pas bougé. Le soleil était levé depuis longtemps, pourtant, et Alyne, comme le Dragon, avait l'habitude de se réveiller dès ses premiers rayons. À vrai dire, elle avait une excuse pour ne pas s'être réveillée cette fois-ci: elle s'était couchée près du Dragon, et le Dragon lui avait fait de l'ombre. Une très, très grosse ombre. Alyne examina le Dragon en fronçant un peu les sourcils: il était vraiment énorme. Il n'était pas aussi énorme lorsqu'ils étaient partis du sommet de la tour... Il n'aurait même pas tenu sur le sommet de la tour, tel qu'il était maintenant: il aurait débordé de partout!

Mais quelque chose vint détourner l'attention d'Alyne: du coin de l'œil, elle avait vu quelque chose bouger à la lisière de la forêt. C'est étrange, ces choses qu'on voit du bord des yeux: lorsqu'on essaie de les regarder en face, on ne les voit plus aussi bien... Alyne se mit à marcher vers la lisière de la forêt en feignant de regarder tout autre chose. Mais lorsqu'elle arriva devant le buisson près duquel elle avait repéré le mouvement, elle tourna vivement la tête... et vit une multitude de petites créatures pas plus grandes que la main, qui grimpaient les unes sur les autres dans leur hâte à s'enfoncer dans l'ombre du buisson.

«Ne partez pas!» dit Alyne. Et dans le mouvement qu'elle fit pour s'agenouiller, le Médaillon sortit de sa chemise et se balança sous le nez de la plus proche des petites créatures.

La petite créature s'immobilisa avec un cri de souris (elle n'était d'ailleurs guère plus grosse qu'une souris), et les autres créatures s'immobilisèrent aussi, de proche en proche, un amoncellement de petits corps couverts de fourrure, où de petits yeux brillants regardaient fixement le Médaillon.

Alyne s'assit. Et la petite créature sortit de l'ombre pour grimper sur sa botte.

Ce n'était pas vraiment une souris, mais plutôt une sorte de taupe miniature. La fourrure de son dos était d'un très joli roux noisette, mais lorsqu'elle eut réussi à grimper sur la jambe d'Alyne, elle s'assit sur ses pattes de derrière, et Alyne put voir que son ventre était d'un blanc immaculé. Elle avait de curieuses pattes, très plates, très larges, tout à fait disproportionnées par rapport au reste de son corps, comme si elle avait en permanence tenu des battoirs. Son museau était pointu, sans moustaches, et l'on aurait dit qu'elle n'avait pas de cou, car sa tête se trouvait presque directement dans le prolongement de son corps. Mais si l'on y réfléchit, c'est exactement le genre de corps qu'il faut avoir lorsqu'on est une sorte de taupe et qu'on passe son temps à creuser des tunnels.

La petite créature montée sur la botte d'Alyne couina, mais sa voix était si menue que ses paroles étaient incompréhensibles. Deux autres créatures sortirent du tas et vinrent la rejoindre. Alyne tendit la main. Les trois petites bêtes grimpèrent dedans, et la première lui fit de grands signes avec ses mains-battoirs, comme font les bâtisseurs de maison qui dirigent les palans. Alyne obéit et rapprocha sa main de son visage.

Vous n'êtes pas en avance!

dirent à l'unisson les trois petites bêtes. Ainsi, on pouvait les entendre. Elles parlaient très bien l'humain, presque sans accent.

«Le Dragon était fatigué», dit Alyne. «Qui êtes-vous?»

Nous sommes les Gardines,

répondirent, toujours à l'unisson, les trois petites créatures,

les Gardines, les enfants de la montagne. Et vous devez venir avec nous. Il n'y a plus beaucoup de temps!

«Plus beaucoup de temps pour

quoi?» demanda Alyne. Mais les autres petites bêtes aussi avaient vaincu leur timidité et tiraient le cuir de son pantalon ou poussaient la semelle de ses bottes pour la faire bouger.

Alyne se leva. Plusieurs des Gardines se retrouvèrent accrochées à une hauteur sûrement vertigineuse pour elles. Mais elles se contentèrent de grimper rapidement jusqu'à la chemise d'Alyne; quelques-unes s'arrêtèrent dans ses poches et les autres s'installèrent sur ses épaules. Pendant ce temps, les trois qui avaient décidé d'être les porte-parole expliquaient à Alyne pourquoi il lui fallait se dépêcher.

Très longtemps auparavant, une Magicienne avait été enfermée dans la montagne. Elle s'était finalement résignée à son sort, mais comme elle s'ennuyait terriblement toute seule, elle avait créé les deux premières Gardines pour avoir de la compagnie. Ce qui lui restait de pouvoir magique ne lui permettait pas d'en faire davantage, ni de les faire plus grosses. Mais comme elle les avait créées mâle et femelle, avec le temps, le peuple des Gardines était devenu très nombreux. Elle avait sans doute eu quelque chose de ce genre en tête lorsqu'elle les avait créées mâle et femelle. Et elle avait sans doute eu quelque chose en tête lorsqu'elle leur avait donné ces belles pattes plates si pratiques pour creuser. Car non seulement les Gardines étaient remarquablement bien équipées pour creuser, mais encore elles y trouvaient un grand plaisir. Il n'y avait rien de plus beau pour elles qu'un tunnel bien creusé, avec un plafond bien rond, et des parois bien régulières, et un plancher bien tassé. Non, rien n'était plus beau — sinon, peut-être, les milliers de tunnels qu'elles avaient creusés au cours des siècles dans la montagne, le réseau infiniment complexe de leurs embranchements et les belles grandes salles communes où l'on dormait toutes les unes sur les autres, dans la chaleur et l'obscurité...

Du moins, c'est ce qu'elles avaient pensé pendant très longtemps. Jusqu'au jour où celles qui travaillaient au cœur de la montagne, là où la roche était la plus difficile à creuser...

À ce moment-là, le Dragon dégagea sa tête de son aile, ouvrit un œil grand comme un bouclier et s'assit. Les Gardines plongèrent dans les poches d'Alyne. Pourtant, elles avaient reconnu le Médaillon, elles savaient bien que celle qui le portait venait toujours avec un Dragon. Et en effet, elles se passaient le souvenir du Dragon de génération en génération, mais c'était une chose d'en entendre parler dans la confortable obscurité des salles communes, et tout à fait autre chose de voir un morceau de paysage se mettre soudain en mouvement.

LA CAVERNE

dit le Dragon — ou du moins c'est ce qu'Alyne crut comprendre dans son grondement.

«Quelle caverne?» demanda Alyne.

La caverne!
La caverne!

s'écrièrent les trois porte-parole en revenant dans la main d'Alyne, très excitées. La caverne qu'elles avaient découverte, un jour, en creusant là où la roche était la plus dure. C'était comme une gigantesque bulle au cœur de la montagne, et lorsqu'elles étaient entrées dans cette bulle, elles avaient entendu un grand cri de joie. C'était leur créatrice, la Magicienne devenue montagne, qui se réjouissait. Car, leur expliqua-t-elle, dans cette bulle à l'intérieur de la montagne se trouvait la clé de sa délivrance.

«Comment se rend-on à la caverne?» demanda enfin Alyne. Les

trois Gardines porte-parole et toutes celles qui avaient temporairement élu domicile dans ses poches lui répondirent en chœur qu'il fallait demander au Dragon.

Alyne se tourna vers le Dragon, et sentit obscurément son assentiment. Il s'était levé. Ses grandes ailes repliées étaient agitées de saccades impatientes, et les griffes de ses pattes antérieures s'ouvraient et se refermaient sur le sol, labourant la surface herbeuse de la clairière. Alyne rangea ses affaires dans son sac en laissant de la place pour les Gardines, puis elle ajusta le sac sur son dos, avec le rabat ouvert pour que les Gardines puissent regarder dehors, et escalada la patte arrière du Dragon pour aller s'asseoir à sa place habituclle.

Le Dragon frissonna violemment; une ondulation se propagea de sa tête à sa queue, soulevant les écailles et les faisant briller dans le soleil. Mais il ne dit rien, et dès qu'Alyne fut installée, il se mit à courir lourdement le long de la rive, les ailes battantes. Il sembla à Alyne que cette course durait une éternité, et elle entendit distinctement le grognement poussif du Dragon lorsqu'il parvint à s'arracher enfin du sol et à prendre l'air, au ras des premiers arbres.

Après avoir décrit un grand cercle au-dessus du lac, il plongea vertigineusement à pic le long de la montagne, du côté qui faisait face à la mer. La pente était très abrupte, avec de grandes coulées de lave grise et noire qui formaient de gigantesques tuyaux brillants comme du verre, depuis le sommet jusqu'à la surface de l'eau. Certains étaient creux, et comme en quelques endroits la lave n'était pas plus épaisse qu'une feuille de parchemin, les mouettes et les cormorans l'avaient brisée pour y installer leurs nids. Des nuées d'oiseaux se soulevaient en grinçant au passage de l'ombre du Dragon, comme si une tapisserie blanche s'était détachée un moment de la face de la falaise dans un courant d'air, pour y retomber ensuite. À d'autres endroits, là où les nids n'avaient pas tenu ou s'étaient défaits après avoir été désertés, le vent s'engouffrait dans les tuyaux de lave avec des sons étranges, parfois des soupirs, parfois des chuchotements, et parfois de grandes mélodies sauvages, comme des milliers de flûtes devenues folles.

Le Dragon descendait toujours, le cou tendu, les ailes largement déployées. Tout à coup, il freina et vira pour s'éloigner un peu, et cette courbe très serrée l'amena de nouveau face à la falaise, sur laquelle il fonça à toute allure...

Il fonçait vers la cascade, ou plutôt vers l'endroit où la cascade jaillissait de la falaise. La cascade n'était plus qu'un filet d'eau. Alyne pouvait voir maintenant qu'elle jaillissait d'une tache sombre dans la montagne. Et c'était vers cette petite tache que le Dragon fonçait tout droit, sans ralentir son vol, les ailes largement déployées! Alyne se recroquevilla, les mains agrippées à la peau souple du Dragon, et elle n'eut même pas le temps de fermer les yeux dans l'attente de la collision, ils étaient dessus... Et non, ils étaient *dedans*: la tache s'était soudain dépliée en une large profondeur sombre, de plus en plus large et de moins en moins sombre à mesure qu'ils s'y enfonçaient dans un silence soudain.

On n'entendait même plus le sifflement de l'air fendu par les ailes du Dragon. Il y avait une lumière étrange qui semblait venir de très loin devant, une lumière rouge mais douce, comme lorsqu'on met sa main devant la flamme de la bougie et que le pourtour des doigts devient translucide... C'était un grand tunnel circulaire, aux parois striées par les eaux qui les avaient polies jusqu'à leur donner des reflets de nacre rose.

«Est-ce vous qui avez creusé ce tunnel?» demanda Alyne, admirative, aux Gardines qui pépiaient doucement entre elles dans son sac.

Non,

lui répondirent-elles à l'unisson,

Mais nous avons dégagé le chemin des eaux depuis l'intérieur, lorsque nous avons trouvé la caverne.

Et comme elles disaient cela, le tunnel s'élargit soudain, et le Dragon pénétra dans la caverne.

C'était une vraie bulle dans la montagne, ou plutôt une demi-bulle, car la moitié inférieure en était presque entièrement occupée par un petit lac. La lumière rouge irradiait des parois et se reflétait dans le lac. De là, elle rejaillissait en reflets mouvants sur les parois qui la renvoyaient de nouveau vers l'eau, un papillotement constant qui éblouissait un peu. Il fallait un moment pour voir que les parois n'étaient pas lisses, mais incrustées de cristaux écarlates, des millions de rubis. Après seulement, Alyne se rendit compte que le lac central avait la forme d'une larme, et qu'à l'extrême pointe de cette larme, comme à sa source, il y avait au fond de la caverne quelque chose qui brillait aussi dans le jeu infini des reflets rouges, quelque chose de vertical, en forme de croix.

Le Dragon se posa au fond de la caverne, ou plutôt il replia à demi ses ailes et se laissa tomber au fond de la caverne. Le choc fut si rude qu'Alyne faillit lâcher prise. Elle désentortilla ses mains de la peau du Dragon, qui était chaude, bien plus chaude que d'habitude, et elle sauta à terre, inquiète pour son compagnon.

Elle sentit quelque chose rouler

sous son pied, se rattrapa de justesse au bord de l'aile du Dragon, et chercha des yeux ce qui avait failli la faire tomber. C'était une chose mince et allongée, avec une boule ronde à chaque extrémité; il y en avait quelques autres éparpillées tout autour, de formes et de tailles assez différentes. Elles semblaient roses dans l'omniprésente lumière rouge, mais elles devaient être blanches. Il y en avait des rondes, avec des trous d'un seul côté, reposant sur des socles régulièrement striés, et d'autres qui faisaient comme des bateaux inachevés, lorsqu'on voit seulement l'armature de leurs coques.

Les Gardines étaient sorties du sac pour dégringoler le long des habits d'Alyne jusqu'à terre, et de nouveau elles la tiraient en avant, par les lacets de ses bottes, cette fois. Alyne jeta un coup d'œil rapide au Dragon. Il s'était lové sur lui-même, les yeux fermés, et il émettait une sorte de grondement continu, très bas, dont elle pouvait sentir la vibration jusque dans son ventre. Était-il malade? Ou seulement satisfait d'être enfin arrivé? Elle n'eut pas le temps de s'interroger davantage, tirée par les Gardines qui l'entraînaient vers l'objet en forme de croix. En lui expliquant sûrement quelque chose, mais elles étaient si excitées qu'elles avaient oublié de parler à l'unisson, et tout ce qu'on pouvait entendre, c'était un concert de pépiements aigus dépourvus de signification. Puis elles semblèrent se calmer, et de nouveau Alyne put comprendre ce qu'elles disaient.

Lorsqu'elles avaient trouvé la caverne, il y avait de cela très longtemps, l'eau y était beaucoup plus haute, et presque entièrement prisonnière car l'entrée du tunnel était obstruée par un éboulis. Les Gardines avaient dégagé le tunnel, et l'eau avait enfin pu couler librement vers l'extérieur. Et à mesure que baissait le niveau de l'eau, les Gardines avaient vu apparaître le pommeau, puis la garde, puis la lame d'une épée. L'épée était fichée dans le sol de la caverne, et là où elle pénétrait dans la roche jaillissait l'eau rouge de la source cachée.

C'est la clé, la clé!

s'écrièrent les trois Gardines porte-parole. Elles étaient très excitées de nouveau et leur unisson se désaccordait, se reformait, se défaisait encore.

Mais il ne faut pas l'utiliser pour faire couler le sang, sinon il arrive des choses terribles!

«Quoi donc?» demanda Alyne.

Les Gardines sautèrent sur un des objets blancs éparpillés près de l'épée — il semblait y en avoir davantage à cet endroit-là —, elles pénétrèrent à l'intérieur, et Alyne vit leur museau

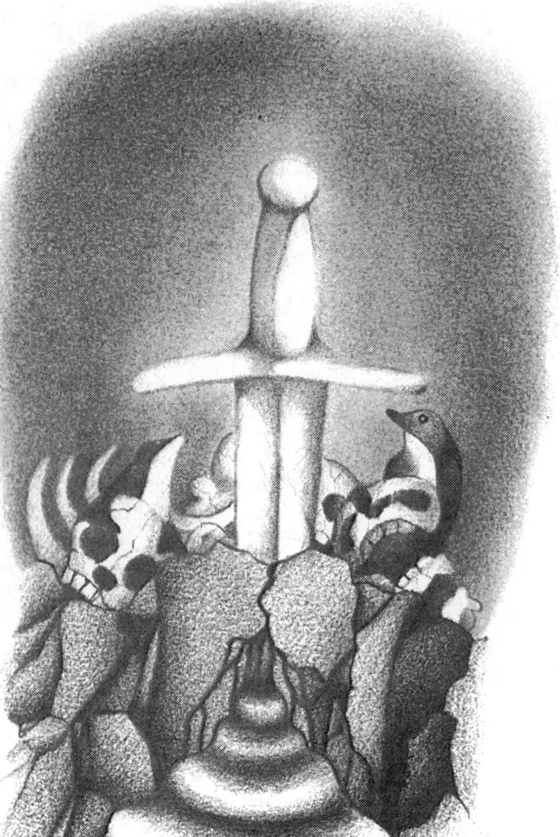

pointer hors de chacun des trous disposés en triangle.

Et tout d'un coup, elle se rendit compte qu'elle regardait un crâne et que toutes ces choses blanches éparpillées sur le sol de la caverne étaient des ossements humains.

Elle contempla pendant un moment les restes de ses arrière-arrière-arrière... arrière quoi, au fait? Arrière-grand-tantes, sûrement: les Princesses qui n'étaient pas restées au château pour se marier et avoir des enfants. Celles qui avaient suivi le Dragon.

L'épée étincelait dans la lumière rouge comme si elle avait possédé sa propre lumière. C'était une très ancienne épée, on pouvait le voir à la simplicité de son dessin: pas de décorations autour de la garde, aucune escarboucle sur le pommeau. Rien qu'une large lame à poignée en croix, bien polie, bien affûtée, bien solide — et bien plantée aux deux tiers dans le sol de la caverne. Elle semblait à l'origine de la fissure d'où jaillissait la source. Mais comment l'épée revenait-elle dans la pierre après avoir été utilisée? Parce que, enfin, elle avait dû être utilisée, et mal, puisqu'il y avait tous ces ossements aux alentours. Mais utilisée à quoi? Pourquoi toutes ces arrière-grand-tantes avaient-elles échoué?

«Qu'est-ce que je fais, maintenant?» demanda Alyne en se tournant par habitude vers le Dragon.

Le Dragon ne répondit pas. Il était étendu sur le flanc, de tout son long, et il soufflait comme une forge. Sur son ventre énorme et gonflé, les écailles étaient parcourues d'ondulations régulières, depuis sa tête jusqu'au bout de sa queue, comme si sa peau était devenue liquide.

Alyne oublia l'épée et les énigmes pour se précipiter vers le Dragon. Elle l'agrippa par ses sourcils en aigrettes, comme elle avait coutume de le faire depuis qu'elle était toute petite lorsqu'elle voulait attirer son attention, et le secoua désespérément. Il entrouvrit un œil. Il avait les yeux verts, d'habitude, un beau vert d'herbe, pailleté d'or, mais son œil était rouge maintenant, sans lumière, sans regard. Le Dragon poussa un grognement, et une nouvelle vague d'ondulations parcourut sa peau.

Alyne se tourna vers les Gardines pour leur demander de l'aide. Les petites créatures étaient beaucoup plus nombreuses qu'auparavant: il en arrivait de partout dans la caverne. Elles sortaient des parois par de minuscules tunnels invisibles dans la lumière rouge et venaient rejoindre leurs compagnes qui étaient restées près de l'épée. Cela faisait comme un tapis mouvant sur le sol de la caverne, et un pépiement léger s'en élevait tandis qu'elles conversaient entre elles.

«Aidez-moi!» leur cria Alyne, «le

Dragon est malade!»

Mais les Gardines ne semblèrent pas l'entendre et continuèrent à discuter avec animation.

Alyne sortit son bol de son sac, le remplit d'eau, essaya de faire boire le Dragon. Il détourna faiblement la tête sans vouloir ouvrir la gueule.

Désespérée, Alyne se laissa tomber près de la tête du Dragon, et lui caressa le museau, juste au-dessus des naseaux, un des autres endroits où la peau est douce et fine. Il était malade, il allait peut-être mourir! Que pouvait-elle faire?...

Elle pouvait essayer de délivrer la Magicienne! La Magicienne, elle, pourrait sûrement faire quelque chose! Alyne se précipita vers l'épée, la prit à deux mains par la garde, tira un grand coup...

Et il ne se passa rien.

Alyne se cala sur ses deux pieds, et tira de nouveau.

L'épée ne bougea pas.

Alyne eut beau la tortiller dans tous les sens, l'épée ne voulait pas sortir de son fourreau de pierre. Finalement, découragée, Alyne la lâcha et se laissa tomber à côté, épuisée. Comme pour la narguer, la poignée continua à se balancer souplement d'arrière en avant sur la tige de métal.

«Elle est rouillée, votre clé!» cria rageusement Alyne aux Gardines qui continuèrent à couiner et à pépier entre elles avec animation, comme si elles n'avaient rien vu.

À ce moment, le Dragon poussa un grognement plus fort que les autres, et tout son corps se contracta violemment.

Puis il se détendit, avec un grand soupir.

Alyne, pétrifiée, attendit que le Dragon bouge de nouveau, mais il ne bougeait pas. Et elle ne pouvait pas bouger non plus, elle avait peur de s'approcher du Dragon, d'aller voir...

Enfin elle vit le flanc du Dragon se soulever, une fois, deux fois, régulièrement: il respirait toujours!

Et tout à coup, il y eut un nouveau bruit: un sifflement flûté, un peu gargouillant. Qui venait du côté du Dragon. Plus exactement, qui venait du côté de la queue du Dragon. Alyne se leva. Le bruit recommença, plus fort, comme un appel.

Alyne fit le tour du Dragon, hésitante.

Et appuyé contre la queue du Dragon, vacillant sur de petites pattes dodues et encore à demi enveloppé dans une membrane translucide et luisante, il y avait un petit Dragon. Tout bleu. Mais bleu-bleu. Pas bleu ciel, pas bleu petit garçon. Bleu vibrant, presque violet, violent. Tout neuf, le petit Dragon, chaque petite écaille parfaitement emboîtée, sans une égratignure dessus, et le dessous des petites pattes encore intact, tout rose, et chaque minuscule petite griffe parfaitement pointue...

Alyne regarda le Dragonnet.

Le Dragonnet regarda Alyne. Avec des yeux curieux, guère plus grands qu'une soucoupe, d'un beau jaune lumineux. Il émit un sifflement flûté, et, quelque part dans sa tête, Alyne sentit quelque chose remuer, pas des mots, mais une sorte de friselis interrogateur.

Elle éclata de rire en tendant une main. Du coup, le Dragonnet vacilla de nouveau sur ses pattes pour aller vers elle.

Un bruit terrible éclata, faisant trembler la caverne — et des rubis tombèrent en pluie des parois, dessertis par les vibrations. Quelque chose vint heurter Alyne et l'envoya bouler loin du Dragonnet. Elle s'arrêta contre l'épée, tout étourdie, s'accrocha à la garde pour se relever. Et se retrouva, l'épée à la main, le dos contre la paroi du fond de la caverne.

Face au Dragon. À la Dragonne.

Les yeux de la Dragonne étaient écarlates. De sa gueule entrouverte, avec un grondement continu et menaçant, s'échappait de la vapeur aux reflets de flamme. La Dragonne fit un pas en avant et ses griffes arrachèrent des étincelles à la pierre là où elle marchait. Les Gardines s'écartaient de son chemin en couinant, se montant les unes sur les autres dans leur terreur. Celles qui étaient proches des parois escaladaient les cristaux de rubis pour rejoindre les entrées de leurs petits tunnels. D'autres sautaient dans l'eau. Quelques-unes, refluant vers Alyne, grimpèrent jusqu'à ses poches pour s'y engouffrer.

Alyne, incrédule, regarda la Dragonne s'avancer vers elle. Sûrement, elle la reconnaissait, elle n'allait pas lui faire de mal!? Mais elle vit la Dragonne se rengorger avec le mouvement particulier qui indique l'imminence d'un jet de flamme, et elle s'écarta juste à temps.

Contre un Dragon, dans un endroit clos, une seule solution, si on est très agile et très rapide: essayer de grimper sur son dos, jusqu'au creux situé entre les articulations des ailes, là où la peau n'est pas protégée. Alyne courut le long de la Dragonne, bondit sur le joint de la patte arrière gauche et, s'aidant du pommeau de l'épée comme d'un crochet, elle escalada le flanc écailleux, longea la crête dressée et se laissa tomber, hors d'haleine, dans le creux qui lui avait si longtemps servi de siège.

La tête de la Dragonne se balança un moment au bout de son cou sinueux, comme si l'animal s'était demandé où était passée Alyne. C'était bien tout ce qu'était la Dragonne maintenant: un animal, une bête sans véritable conscience, et qui croyait son petit en danger. C'était sans doute ce qui était arrivé aux arrière-grand-tantes, même s'il était un peu tard pour le comprendre. Alyne reprit son souffle, désespérée. Pour le moment, elle était en sécurité: la Dragonne ne pouvait pas se tordre assez le cou pour la voir là où elle se trouvait sur son dos. Mais elle allait bien finir par sentir qu'elle avait une passagère, et elle essaierait de s'en débarrasser, à coups de pattes, ou en se roulant par terre les ailes repliées... Que faire d'autre? Essayer de s'enfuir par le tunnel qui servait de conduit à la rivière... Mais pour cela, il faudrait de nouveau être au sol, complètement vulnérable...

La Dragonne avait senti la présence d'Alyne sur son dos. Elle s'assit, et à l'aide d'une de ses pattes postérieures se mit à essayer de déloger l'intruse. Alyne vit les longues griffes passer tout près de sa tête, se recroquevilla davantage en assurant sa prise sur la peau souple de l'entre-deux-ailes.

Elle réalisa soudain qu'une de ses mains était toujours agrippée à la poignée de l'épée.

Et elle se trouvait au seul endroit vulnérable de tout le corps de la Dragonne.

Mais elle ne pouvait pas faire une chose pareille! Cette Dragonne était tout de même... Dragon, son compagnon depuis qu'elle était toute petite, qui lui avait raconté tant de merveilleuses histoires, qui l'avait consolée lorsqu'on l'obligeait trop à faire la Princesse au château... Elle ne pouvait pas tuer *Dragon*! Et encore moins si c'était une Dragonne qui défendait simplement son petit! Ce n'était pas sa faute, à cette Dragonne! Il devait y avoir un autre moyen de se sauver qu'en la tuant!

La Dragonne avait changé de tactique: elle essayait de se frotter contre les parois de rubis pour déloger Alyne, mais, même repliées, ses ailes l'en empêchaient. Toujours solidement accrochée à la peau de la Dragonne, Alyne aperçut un bref éclat bleu dans un coin de la caverne: le Dragonnet. Il était entouré de Gardines.

Il était même à moitié recouvert de Gardines.

Alyne lâcha la poignée de peau qu'elle tenait, se laissa glisser le long d'une aile repliée, évita une lourde patte, sauta par-dessus la queue qui balayait le sol de la caverne et courut vers le Dragonnet.

Il l'accueillit avec un sifflement interrogateur, et elle se laissa tomber près de lui, un bras autour de son cou, délogeant plusieurs Gardines qui protestèrent en couinant mais remontèrent aussitôt sur la tête du Dragonnet.

«Dis-lui, toi!» haleta-t-elle, «dis-lui que je ne te veux pas de mal!»

Le Dragonnet tourna la tête vers elle et lui passa sur la figure un grand coup de langue fourchue. Puis il rassembla ses pattes sous lui et ferma les yeux avec un petit sifflement satisfait, transmettant son contentement à Alyne qui secoua la tête avec désespoir: «Non! Dis-lui à elle!»

Mais il dormait déjà.

La Dragonne, cependant, avait fini par comprendre qu'Alyne avait quitté son dos. Elle se tournait d'un côté et de l'autre, la queue fouettant le sol, à la recherche de sa proie. Alyne suivit ses mouvements avec anxiété, en essayant de se cacher derrière le Dragonnet. Il n'était pas assez gros, mais au moins la Dragonne y penserait-elle à deux fois avant de cracher des flammes sur sa progéniture... Ou du moins c'est ce qu'Alyne voulait espérer, et c'était de toute évidence ce que les Gardines pensaient aussi. Mais ce ne pouvait être qu'une solution temporaire. Le Dragonnet se réveillerait. Il aurait faim. Il irait vers sa mère...

Un rugissement épouvantable secoua de nouveau la caverne: la Dragonne avait vu Alyne près de son petit et bondissait en avant.

Mais son mouvement se ralentit, et elle finit par s'arrêter, la tête un peu penchée, énorme au-dessus d'Alyne recroquevillée près du Dragonnet.

Et pour la première fois depuis très longtemps, Alyne sentit dans sa tête l'ombre du contact familier. Ce n'étaient pas des paroles, c'était aussi informe et aussi faible que les pensées du Dragonnet — mais on ne pouvait pas s'y tromper: une minuscule part de son ancienne conscience animait encore la cervelle obscurcie de la Dragonne. Peut-être n'avait-elle jamais disparu, en réalité, cette conscience: elle avait seulement été étouffée. C'est tout un travail, fabriquer un Dragonnet, et toutes les énergies de la Dragonne s'étaient peu à peu consacrées exclusivement à cette tâche.

La Dragonne était en proie à des émotions contradictoires. Son instinct lui montrait son petit en danger, et lui disait en même temps qu'elle ne pouvait pas le protéger sans lui faire du mal. Elle était impuissante, furieuse et effrayée. En même temps, il y avait cette petite étincelle, quelque part en elle, qui murmurait des choses étranges à propos de cette haïssable forme humaine accroupie près de son petit...

«Dragon!» cria Alyne, pleine d'espoir. «C'est moi, c'est Alyne, tu ne te rappelles pas Alyne?» Elle lui parla pêle-mêle du château, du Médaillon, du voyage... La Dragonne semblait écouter, les yeux fixés sur elle — des yeux qui perdaient petit à petit leur éclat écarlate.

Alyne courut le risque de lâcher le cou du Dragonnet, qui dormait toujours, parfaitement oublieux de tout ce qui se passait autour de lui, et fit un pas de côté. La Dragonne se raidit et poussa un grondement menaçant, mais elle ne bougea pas.

«Tu vois, je ne lui fais pas de mal, à ton petit. Pourquoi ne m'as-tu pas dit que tu étais une Dragonne et que tu allais avoir un petit? On aurait attendu...»

Mais en disant cela, Alyne eut le sentiment que justement, pour une raison ou une autre, la Dragonne ne pouvait pas le lui dire, que si elles avaient attendu pour partir, il aurait été trop tard pour se rendre à la montagne de la cascade et...

Mais qu'est-ce que c'était que cette histoire? Qu'est-ce que c'était que cette Tradition du Médaillon? Qui donc était cette Magicienne qui avait fait massacrer des générations d'arrière-grand-tantes pour se faire libérer?! Et qui n'avait même pas été libérée, d'ailleurs! Voulait-elle vraiment l'être? Ou bien était-elle en train de ricaner en attendant qu'une nouvelle Princesse se fasse massacrer?

Alyne était furieuse. Et dire que pendant un moment, elle avait, oui, elle avait pensé se servir de cette épée pour tuer la Dragonne!

Elle regarda l'épée, qu'elle tenait toujours. Et entendit gronder la Dragonne. La Dragonne aussi regardait l'épée, et ses yeux étaient en train de redevenir écarlates.

Alyne fit trois pas jusqu'à la paroi toute proche, leva le bras, et de toutes ses forces, dans l'espoir de briser la lame maudite, elle l'abattit contre la roche rouge, les dents serrées, prête au choc, et au bruit, et à la pluie de rubis.

Il n'y eut rien de tout cela.

L'épée disparut.

Et devant Alyne se tenait une grande et belle jeune femme aux cheveux noirs qui souriait à travers ses larmes.

Alyne fit un pas en arrière, médusée. Et en faisant un pas en arrière, elle vit... Ou plutôt, elle ne vit pas, elle sentit qu'il manquait soudain quelque chose dans la caverne. Une masse énorme. Il manquait la Dragonne.

À sa place, il y avait une grande et belle vieille femme aux cheveux blancs, qui pleurait. Mais c'étaient des larmes de joie.

Les Gardines se précipitèrent vers la belle jeune femme en pépiant avec adoration et grimpèrent le long de sa robe jusque sur ses bras et ses épaules. Elle caressa leur fourrure rousse et leurs petits ventres blancs en leur murmurant des paroles de gratitude. Puis elle releva la tête et sourit à Alyne: «Merci, arrière-arrière-et-encore-bien-des-fois-arrière-petite-fille de ma sœur Albanye», lui dit-elle. Et après avoir caressé la joue d'Alyne, elle s'approcha de la vieille femme aux cheveux blancs, qui n'avait pas bougé. «Nous avez-vous pardonné, Mère Niméya?» lui demanda-t-elle.

«Et toi, m'as-tu pardonné?» répondit la vieille femme en pleurant et en lui ouvrant les bras.

Vous et moi, nous savons de quoi il

s'agissait, bien sûr: la vieille Reine-Magicienne Niméya avait été punie par la Guilde des Magiciennes pour avoir ensorcelé ses filles. Mais Alyne, elle, n'en savait rien. Tout ce qu'elle comprenait, c'était que, finalement, la Magicienne avait été délivrée — et que Dragon, ou Dragonne, avait définitivement disparu. C'était sans doute pour le mieux, mais en même temps elle ne pouvait pas s'empêcher d'en être triste. Elle regarda un moment les deux femmes qui s'embrassaient en pleurant et en riant, puis, soudain très fatiguée, elle retourna s'asseoir près du Dragonnet toujours endormi et appuya sa tête contre la tête bleue. Qu'allait-elle faire, maintenant? Retourner au château pour apprendre à sa famille qu'il ne viendrait plus jamais de Dragon? Peut-être aussi que si elle rapportait suffisamment de rubis, on ne la gronderait pas trop...

Mais non, dit une voix dans sa tête,

qui ne lui était pas tout à fait inconnue.

Elle se redressa vivement. Le Dragonnet s'était réveillé et la regardait d'un œil jaune orange à l'expression amusée. Puis il tourna la tête pour la considérer de son autre œil, tout aussi amusé.

«Non?», balbutia Alyne.

Non, dit la voix du Dragonnet dans sa tête. *Normalement, il faudrait attendre que j'aie suffisamment grandi mais les Magiciennes devraient pouvoir faire quelque chose pour accélérer un peu le processus, maintenant que leurs punitions respectives sont terminées. Et nous pourrons repartir ensemble, toi et moi.*

Et il lui passa un grand coup de langue fourchue sur la figure.

Ce qui leur est arrivé ensuite? Eh bien, la vieille et la jeune Magiciennes retournèrent vivre et faire de la magie ensemble dans le château de Niméya. Et Alyne et le Dragonnet devenu Dragon continuèrent à se promener dans le vaste monde. Jusqu'au jour où Alyne rencontra un chevalier en détresse, qu'elle secourut. Il était gentil, il était drôle, et avant d'être en détresse il avait été un Prince. Aussi, après l'avoir épousé, Alyne décida-t-elle de le présenter à ses parents. Elle revint donc au château de son enfance. Ses parents avaient pensé que leur fille aînée ne reviendrait jamais, et comme c'était la tradition dans la famille, ils avaient eu d'autres filles pour continuer la lignée. Mais ils furent contents malgré tout de la revoir. Je crois même que la Reine fut heureuse de savoir qu'aucune de ses futures petites-filles n'aurait à porter le Médaillon. Mais c'était difficile de savoir, avec elle: elle ne parlait pas beaucoup. Quant au Roi, il fut heureux d'avoir un autre homme dans la maison, je suppose. Et les sœurs de la Princesse, qu'elles ne connaissaient pas? Celle qui devait devenir Reine n'était pas très contente de voir une sœur aînée arriver ainsi de nulle part. Mais lorsqu'elle comprit que la Princesse serait Reine dans son propre château (c'était du côté de la mer — une autre mer —, Alyne avait vraiment beaucoup voyagé), elle l'accueillit de bon cœur. Les autres sœurs furent surtout contentes des fêtes qu'on allait donner pour célébrer la visite de la Princesse et de son époux: elles pourraient danser toute la nuit.

Le Dragon? Le Dragon rencontra une Dragonne, bien sûr. Et ils furent très heureux aussi. Mais maintenant, c'est fini, il faut aller dormir. Descendez de mon dos, dites-moi bonsoir, retournez dans vos chambres au premier étage de la tour. Et moi, je vais rassembler mes petits sous mes ailes, poser ma tête sur ma queue, clore mes paupières, et pendant que vous dormirez, je poursuivrai mes propres rêves pour vous les raconter demain.

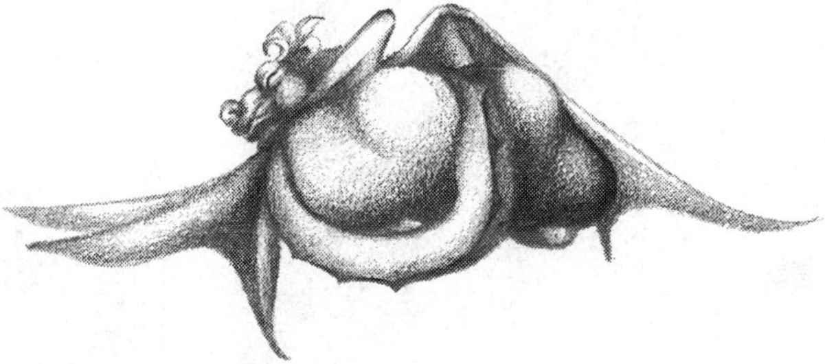

DANS LA MÊME COLLECTION

BILBO JEUNESSE

Plante, Raymond
MINIBUS
Richler, Mordecai
JACOB DEUX-DEUX ET LE DINOSAURE #15
Roberts, Ken
LES IDÉES FOLLES #6
Sarfati, Sonia
LE PARI D'AGATHE #20
Tanguay, Bernard
LA PETITE MENTEUSE ET LE CIEL
LE 25E FILS
Vonarburg, Élisabeth
HISTOIRE DE LA PRINCESSE ET DU DRAGON #29

GULLIVER JEUNESSE

Beauchemin, Yves
UNE HISTOIRE À FAIRE JAPPER #35
Bélanger, Jean-Pierre
Série Félix
FÉLIX ET LE SINGE-À-BARBE #38
LA BANDE À FÉLIX #32
Brochu, Yvon
Série Jacques St-Martin
ON N'EST PAS DES MONSTRES #39
ON NE SE LAISSE PLUS FAIRE #19
ARRÊTE DE FAIRE LE CLOWN #44
Cyr, Céline
LES LUNETTES D'ANASTASIE #18
LES PRISONNIERS DE MONSIEUR ALPHONSE #12
Dubé, Jasmine
LA TÊTE DE LINE HOTTE #23

Duchesne, Christiane
GASPARD OU LE CHEMIN DES MONTAGNES #1
VICTOR #37
Série Clara Vic
BIBITSA OU L'ÉTRANGE VOYAGE DE CLARA VIC #2
LA VRAIE HISTOIRE DU CHIEN DE CLARA VIC #27

Ellis, Sarah
QUELQUE TEMPS DANS LA VIE DE JESSICA #28

Gagnon, Gilles
L'ARMÉE DU SOMMEIL #10

Gélinas, Normand
VIRUS

Goulet, Stella
MILLE BAISERS, GRAND-PÈRE #3

Lévesque, Louise
Série Bouquinville
ENTRE DEUX TEMPS #41
LES ENFANTS D'YDRIS #27
MENACE SUR BOUQUINVILLE #21

Mercier, Johanne
LE BLOND DES CARTES #22

Pigeon, Pierre
LE GRAND TÉNÉBREUX #9
L'ORDINATEUR ÉGARÉ #7

Sarfati, Sonia
SAUVETAGES #25

Vonarburg, Élisabeth
LA CHATTE ROUGE

TITAN JEUNESSE

Cantin, Reynald
Série Ève
J'AI BESOIN DE PERSONNE #6
LE CHOIX D'ÈVE #14
LE SECRET D'ÈVE #13

Côté, Denis
NOCTURNES POUR JESSIE #5

Daveluy, Paule
Série Sylvette
SYLVETTE ET LES ADULTES #15

Demers, Dominique
Série Marie-Lune
LES GRANDS SAPINS NE MEURENT PAS #17

Grosbois (de), Paul
VOL DE RÊVES #7

Labelle-Ruel, Nicole
Série Cri du cœur
LES YEUX BOUCHÉS #18
UN JARDINIER POUR LES HOMMES #2

Lazure, Jacques
LE DOMAINE DES SANS-YEUX #11
PELLICULES-CITÉS #1

Lebœuf, Gaétan
BOUDIN D'AIR #12
SIMON YOURM #4

Marineau, Michèle
LA ROUTE DE CHLIFA #16

Série Cassiopée
CASSIOPÉE OU L'ÉTÉ POLONAIS #9
L'ÉTÉ DES BALEINES #10

Martel, Robert
LOUPRECKA #3

Montpetit, Charles
COPIE CARBONE #19

Vanasse, André
DES MILLIONS POUR UNE CHANSON #8

COLLECTION CLIP

April, Jean-Pierre
N'AJUSTEZ PAS VOS HALLUCINETTES #4

Barthélémy, Mimi
LE MARIAGE D'UNE PUCE #5

Cantin, Reynald
LE LAC DISPARU #8

Collectif
LA PREMIÈRE FOIS, Tome 1 #1
LA PREMIÈRE FOIS, Tome 2 #2
PAR CHEMINS INVENTÉS #9

Gagnon, Cécile
L'HERBE QUI MURMURE #7

Marois, Carmen
LES BOTÉRO

Pasquet, Jacques
SANS QUEUE NI TÊTE #3
L'ESPRIT DE LA LUNE #6

Sernine, Daniel
LA COULEUR NOUVELLE #9

THÉÂTRE JEUNESSE

Émond, Louis
COMME UNE OMBRE #2

Pollender, Raymond
LE CADEAU D'ISAAC #1

CONTES POUR TOUS

Carrier, Roch

LE MARTIEN DE NOËL, NOUVELLE SÉRIE CLASSIQUE #1

Desjardins, Jacques A.

TIRELIRE, COMBINES ET CIE

Goulet, Stella

PAS DE RÉPIT POUR MÉLANIE #10

Julien, Viviane

BYE BYE CHAPERON ROUGE #9
C'EST PAS PARCE QU'ON EST PETIT... #5
FIERRO... L'ÉTÉ DES SECRETS #8
LA CHAMPIONNE #12
LA GRENOUILLE ET LA BALEINE #6
LE JEUNE MAGICIEN #4

Patenaude, Danyèle et Cantin, Roger

LA GUERRE DES TUQUES #1

Renaud, Bernadette

BACH ET BOTTINE #3

Rubbo, Michael

LES AVENTURIERS DU TIMBRE PERDU #7
OPÉRATION BEURRE DE PINOTTES #2
VINCENT ET MOI #11

Achevé d'imprimer au Canada
Imprimerie Gagné Ltée Louiseville